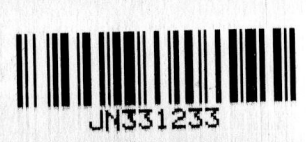

ヘアスタイルでイメージを操作するための造形学

かたちと印象

野沢道生

新美容出版株式会社

はじめに

この本は流行のヘアスタイルが出てくるわけでもないし、カットの技術が出てくるわけでもありません。でも魅力的な髪型を作るための、基本的で濃い情報がぎゅっと詰まっています。ヘアデザインが人物の印象にどんな影響を及ぼすか——それを分析してみようというのがこの本の趣旨です。

ヘアスタイルのデザインを構成する要素は大きく4つあります。シルエット・ライン設定・質感・カラーがそれですが、このうち最初の2点を僕は重要視しています。もちろん質感やカラーによっても印象は変化するのですが、ヘアスタイルのかたちそのものが持っている性格、そして人の頭の上にそのかたちが組み合わされたときに生まれる影響、というのはすごく大きいです。よく計算されたシルエットやライン設定は、その人のイメージを高めたり、個性を強調したりできます。成り行きで作られたかたちは、悪くすると出したいイメージとは違ってしまったり、その人の欠点を目立たせてしまったりするのです。

月刊TOMOTOMOで95年4月号から3年にわたって連載した「かたちと印象」では、そうしたことを読者の方々に知ってもらいたいなという思いで毎月ヘアスタイルを作っていました。連載を元に、新しく撮影をし直し、内容もわかりやすく改めてまとめたのがこの本です。テーマごとにふたつのヘアスタイルを使って、デザインの違いによって顔はどう違って見えるか、人物の印象がどのように変化するか、を確認するのがメインの内容です。連載時には説明しきれなかった、デザインを理解するうえで知っておきたい情報もプラスしています。

ご自分でヘアを作るときに、ここで紹介した考え方がヒントとして役立てば、とても嬉しく思います。

ヘアスタイルでイメージを操作するための造形学

かたちと印象

どちらもすその長さは同じのボブスタイルです。デザイン上の違いは、右の方は顔まわりもシルエットも四角いかたちで作られているのに対して、左は丸いかたちで構成されているところ。ふたつを比べてみると、右のスタイルはモードっぽくて、左はどこかクラシックな感じがしませんか。一般に四角いかたちは、シャープとか大人っぽい、マニッシュ、といった雰囲気をかもし出します。右のボブがモードっぽいのは、今の時代のファッションが、シャープとか大人っぽいといった要素を多分に持っているからですね。一方丸いかたちは、優しい、女性らしい、かわいらしい、というような性格を持っています。これらの要素は60、70年代のボブによく見られる要素で、それで左のボブは、ちょっと懐かしいような、クラシックな感じがするんです。ふたつのスタイルの印象の違いは、かたちの持っている性格の違いから生まれているのです。

1

四角いかたちと
丸いかたちのイメージ

ベースは同じボブスタイルで、アウトラインの角度だけが違っています。一般に前上がりラインを取り入れたスタイルは、顔が出るので明るい感じになり、場合によっては幼い印象も出てきます。前上がりの角度が急になればなるほど、この傾向は強まってきます。また前上がりのアウトラインにはもうひとつ気にしてほしいことがあって、水平ラインに比べると、安定感が乏しく、ちょっとあごが上がったような姿勢に見えやすいんですね。これは重心が後ろにずれることから起きる影響です。

一方の水平なラインには、左右のつり合いを感じさせ、安定感をもたらす力があります。右のスタイルの方が左よりおとなしく、どこか落ち着いた印象があるのはそのためです。

2

●

前上がりラインと水平ライン

前項では前上がりラインと水平ラインの性格の違いをとりあげてみましたが、今度は前下がりと水平ラインを比べてみましょう。前下がりラインを取り入れた左のスタイルは、右のスタイルと比べるとシャープな感じがしませんか。ななめのラインには、見る人の視線を上方向に引っぱる力があり、かたち全体に動きを与える力もあります。そして見逃せないのがあごへの影響です。前下がりラインはあご下の輪郭線を実際よりななめに見せるので、あごがとがって見えてきます。こうしたことが合わさって、左のスタイルにはシャープ感が生まれているのです。左に比べると右のスタイルには、あご下に肉がついてふっくらしているように見えるのがわかると思います。

3

●

前下がりラインと
水平ライン

どちらも前上がりのアウトラインですが、右の方はラインの角度がゆるく、左の方は急な角度になっています。この微妙な違いがどういう効果を生み出すかというと、左の方が顔から首にかけて、縦長な印象を受けるのです。右の方は左に比べると、なんだか首がつまったように感じ、顔も短いような印象になってきます。

顔の中にラインを引く場合、その角度が水平に近づけば近づくほど、頭を横にふたつに分けた感じが強まります。右のスタイルで首がつまったように思えるのは、ラインが頭を横切っている感じが強いせいなんです。左のスタイルの前上がりラインは、角度が急で、縦の線に近い。ラインが頭を横切ってるようには感じさせないので、首から顔にかけて、すっと上に伸びていくように見えるのです。

4

急な角度のライン、
ゆるい角度のライン

ボリュームの違うふたつのスタイルを比べてみましょう。ヘアスタイルの大きさというのは流行によって変わりますが、デザイン効果としては、顔の面積が変わって見えるということを知っておきましょう。ヘアの面積が小さいほど、相対的に顔は大きく見え、ヘアが大きくなると顔は小さく感じられるようになります。だから顔の大きさを目立たせたくないなら、ヘアはあまりタイトに小さくしないほうがいい、ということが言えます。じゃあ左のスタイルがダメなのかというと、そう簡単でもありません。むしろこのモデルさんには、左の方がインパクトがあって似合ってるし、個性が際立っています。小顔に見える利点より個性をとるなら、断然こっちのデザインがおすすめですね。

5

●

顔の大きさは、
髪の面積で変わって見える

シンプルなストレートのロングヘアです。左と右の違いは、すそのアウトラインが前下がりになっているか前上がりになっているかということだけ。このふたつを比べてみると、右のスタイルの方が顔が小さく見えませんか。
この印象の違いはアウトラインの角度というより、あごから下の髪の長さが関係しています。前下がりのアウトラインの方が、前上がりよりも、あごから下の髪が長くなりますよね。この長さと、バングからあごまでの顔の長さを、人は無意識に比較して見てしまうんです。元々ロングというのは縦の線が強調されて、顔が細く、小さく見える特性があるんですが、あごから下の髪が長くなるほど、顔は相対的に短く見えてくる。つまり顔が小さく感じるようになってくるんです。

6

ロングヘアで 顔を小さく見せるには

前項では、バングからあごまでと、あごからスタイルのアウトラインまでの距離を人は比較して見ているという例をあげました。今度はスタイルのトップからバングまで、そしてバングからあごまでの距離のお話です。

ふたつのスタイル、バングの長さは同じですが、右の方がトップを高く作っていますね。その分バングまでの距離は長くなっています。片一方の距離が長ければ、もう片方の長さは自然に短く見えてきます。だから右のスタイルの方が、顔は短く見えやすいのです。もうひとつ注目したいのは、右の方が、目が顔全体の中で下の方にあるように感じることです。これは顔の造形学からいうと、子供の顔なんです。大人と子供を描き分けるには、大人は目を顔の上の方に描き、子供は目を下の方にするんですよ。トップを低くすると目は自然に上の方についているように見えてきますから、大人っぽくしたいんだったらこっちの方がおすすめですね。

7

トップの高さで
変化する顔の見え方

前の項ではバングの長さはいっしょで、トップの高さを変えた２点をとりあげましたが、今度は逆の２点を見てみましょう。トップの高さはそろえて、バングの長さが変わっています。それぞれのスタイルから受ける印象について考えてみてください。右のスタイルに形容詞をつけるとしたら、エレガント、神秘的、なんていうコトバが浮かんでくるのではないかと思います。一方の左のスタイルは、若々しい、アクティブ、明るい、というような雰囲気があります。大人っぽいか子供っぽいかで分けると、右のスタイルが大人で、左のスタイルが子供、ということになります。

この印象の違いに大きく影響しているのは、バングのラインの「ここまでが顔だよ」という区切りの意味合いです。右のスタイルはバングが目のすぐ上にありますから、顔の中の上の方に目があるように感じます。前項でも出てきましたが、目が上の方にあると大人っぽい印象につながります。左の方はオデコが広く見えてますから、目が下の方に位置しているように見え、子供っぽい印象を備えるようになるわけです。

8

大人っぽくなるのはどっち？
バングの長さと顔の印象

スタイルの中では小さな部分ですが、もみあげの影響について考えてみましょう。もみあげのデザイン上の意味合いというのは、縦のラインとして重要です。長いもみあげが存在した方が、ヘアスタイル自身が縦長に見えてきますし、耳前で顔の横幅を分断しますから、顔も縦長に見えやすくなります。

さらに長さについて考えてみましょう。顔全体じゃなくて、目からあごまでの距離が長いせいで、顔が間延びして見えるという悩みを持ってる人ってたまにいますよね。そういう人に右のスタイルのような、ほお骨より上にあるもみあげを作ると、よけいに目から下の長さが間延びして見えてしまうんです。これはなぜかというと、もみあげの先端部分というのは「ここまではヘアの部分ですよ、つまり顔の上半分ですよ」という意味があるんですね。だから短いもみあげ、特にほお骨より上にしたりすると、目から下の距離がすごく強調されてしまう。ほお骨より下までもみあげを作ると、顔の上半分の距離が強調されて、下半分の長さは目立たなくなるんです。

9

もみあげは、ほお骨より長いか短いかが重要

長さというものは、比較されるものによって変わって感じられるようになります。そばにもっと長いものがあれば、実際より短く見えてしまうし、短いものが隣にくれば、実際より長く感じてしまうのです。一種の錯覚なんですが、ここではその効果を使ったスタイル２点を比べてみましょう。

ここではバングからあご先までの長さと、サイドからあごのつけねまでの長さが、比較される関係にあります。左のスタイルと右のスタイルで、顔の長さを見てみると、左の方が顔が長く感じるでしょう。サイドからあごのつけねまでの距離が短いので、バングからあご先までの距離が、自然に長く感じるんですね。顔の中に２本の縦の距離があり、その長さを無意識に人は比べて見てしまっているわけです。

10

サイドの設定で
顔を長く感じさせるには

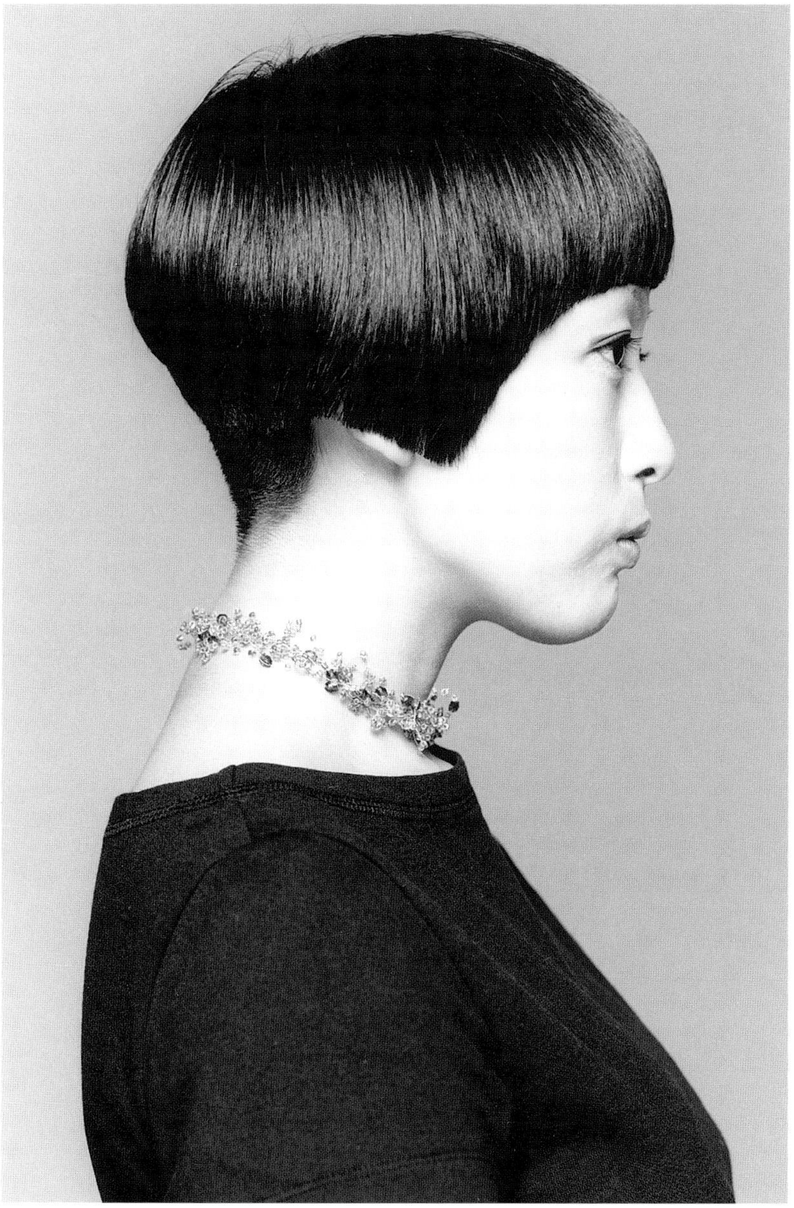

右のスタイルの、写真向かって右サイドのライン設定に注目してください。頭頂部からあごまでの、ちょうど真ん中でラインが引かれているのに気づくと思います。この長さ設定、実を言うとすごく不安定なバランスになりがちなんです。両サイドの長さがアシンメトリになってるのでこのままでは感じませんが、左サイドも右サイドと同じ長さにしてみると、不安定な印象になるのがよくわかると思います。距離でも量感でもそうなんですが、1：1に等分するということは、見てる側の視線が定まらなくてフラフラしちゃうんですね。7：3とか6：4とか、どっちかに片寄らせた方が、デザイン的には安心して見られて、きれいに感じるんです。

こんな風に頭をちょうど真ん中で区切ると、不安定に感じるだけでなく、顔が長く見えることがあります。特にヘアスタイルのラインから下が間延びしがちです。顔が小さい人ならかえって個性的になるのですが、顔が長い人にこの位置でライン設定しちゃうと、よけい強調しちゃいます。真ん中より上か下にずらしてあげてください。

11

顔のちょうど真ん中でラインを設定すると

10では2本の縦の長さが比較される、という例をあげましたが、今度は縦と横の長さについて考えてみましょう。例としてあげたのはバックもサイドも長さをそろえたグラボブ、ネープのつくりだけが違います。

どちらのスタイルも、フロントから後頭部まで水平に近いラインが一直線に続いているので、奥行感がありますね。でも2点を比べてみると、ネープが短い左のスタイルの方が、右よりも奥行が感じられるはず。右のスタイルはネープが長いので、そこに縦の線が生まれ、横の長さが中和されてしまうんです。すると奥行が感じにくくなるんですね。グラボブとしてはどっちのデザインもありなんですけど、たとえば後頭部が絶壁で、奥行を感じさせたいときには、ネープが短いスタイルの方がおすすめなんです。

12

ネープの長さと
ヘアスタイルの奥行感

どちらもすそは同じ長さのショートグラデーションですが、左と右ではバングの幅のとり方を変えています。ここで比べてほしいのは、どちらが顔が細く見えてくるかということです。バングの幅が広い左のスタイルの方が、顔が細く感じませんか？　特に顔の下半分、あごにかけてがほっそりと見えるはずです。これはバングの横幅が広いと、顔の下半分の横幅が自然に狭く見えてくることから起こります。顔の上半分に強い線があると、下の方にも横の幅を探してしまうんですね。左のスタイルのバングは、顔の横幅よりも幅広くなっていますよね。ここと比較されて、顔は細く見えてくるんです。

13

●

顔を細く見せたいときの
バング

バングからあごまでの長さ、トップからバングまでの長さ、アウトラインの横幅、顔の横幅……いろんな「長さ」を比較でとらえてみようということを、この本では提案しています。この項ではそうした長さの中でももっとも小さな部分に注目します。ここで見てほしいのは、目の周辺です。サイドの髪が、目尻ぎりぎりに迫っているスタイルと、目のわきに空間があるスタイルの2点を比べてみてください。サイドの髪が目尻にある左のスタイルの方が、両目の間が幅広く空いているように見えるでしょう。逆に右のスタイルは、目と目の間が狭く見えますよね。

こんな小さな部分にも、「長さや面積は、比較されているものによって変わって見える」という力がはたらいているのです。ふつう、両目の間と同じくらいの間隔が目尻のわきにもあるのですが、ここが髪で隠されると、両目の間が実際よりも離れているように感じられてくるんです。目の間が離れているのを気にしてる場合は、この両脇の部分にあんまり髪をもってこない方がいいということが言えます。

14
両目が離れて見えるとき

ネープのかたちが違うスタイル2点です。このモデルさんはかなり首が長くて細い人ですけれども、比べてみると、ネープラインが直線になっている左のスタイルの方が、首が太く見えるでしょう。ネープがV字ラインになっている右のスタイルは、左よりもっと首が細く長く感じられますよね。

人体の中で、肩が横の線だとすると、首は縦の線です。その縦の線を直線で横に区切ってしまうと、やはり横幅が目立ってきます。V字ラインのネープの方は、首の縦の線がそのまま上へずっと伸びていくような感覚を与えますよね。だから首が太いとか、短いとかを気にしてる人だったら、V字の方がいいんです。ただ、首がチャームポイントで、そこを目立たせたい、というんだったら話は別です。直線をもってきた方が、絶対にそこに視線を集められるからです。このモデルさんも、どっちが似合ってるかといったら直線のネープの方だと思うんですよ。

15

後ろ姿の
ネープのかたち

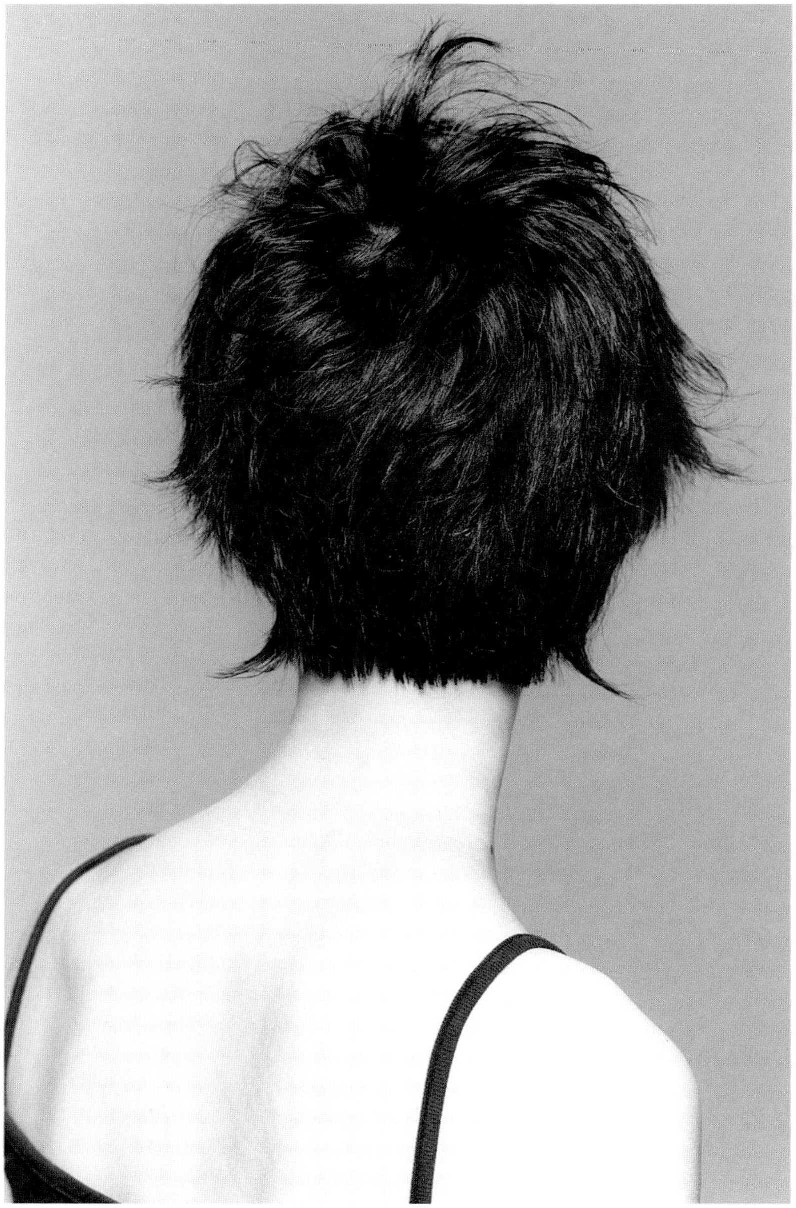

右はバックにグラデーションをつけていて、左は純粋なワンレングスです。すその長さは同じですから、正面から見たらほとんど同じスタイルということになりますね。だけど横顔では、このバックの違いが印象の違いに結びついてくるのです。

前項で、首を横切るラインを作ると首は太く短く見えるという例を出しましたが、そういう意味ではこの２点はどちらも首を分断しています。だけど比べてみると、右のグラデーションの方が首がすーっと上に長く伸びて見えるでしょう。これはヘアのシルエットが、グラをつけることによって首の後ろの線とつながるようになっているからです。ラインが首を横切っていても、首からヘアスタイルへと一本の縦の線ができるせいで、縦長の印象が生まれているのです。

16

首を長く見せるシルエット

前項に続いて、横顔の首の見え方の違いを取り上げてみましょう。今度はサイドが短いスタイルですから、ネープが見えています。左のスタイルはネープがえぐれたアール状のラインで、その上にはっきりしたカドのあるシルエットになっています。右はウエイトはありますが、はっきりしたカドではなく、なめらかな丸みのシルエットです。どっちも首とシルエットが一本の線でつながっていますから、前項の例にしたがえば首は長く見えるはずです。だけどどっちかといえば、右の方が首がすっきりとした感じがするでしょう。

理由のひとつに、シルエットのネープ部分が、右は縦に近い線になっているのに対して、左は横に近い角度の線になっている点があります。だけどもっと影響力が大きいのは、左のスタイルにあるカドです。この部分が首から上へ続く方向性をせき止めているのです。それに比べると右のなめらかな丸いシルエットには、首のラインがそのままずっと上につながっていくような印象があるでしょう？　だからすっきりと見えてくるのです。

17

「ここでストップ」
首の線をせき止めるもの

長さが違う2点のグラボブです。ネープのつくりはどちらも同じなんですが、右のスタイルはラインの設定を耳半分くらいのところにしているために、ネープの見えている量が多くなっています。頭全体でとらえてみると、長さのある左のグラボブの方が縦長感があるんですよね。だけど首に注目してみると、右のスタイルの方が首が長く感じられます。これは首のすぐ近くにあるかたち――ヘアスタイルのネープのかたちが影響してるんです。右のスタイルのネープは左に比べると縦長になっていますよね。ここが縦の長さを強調して、首をすっきり長く見せているんです。

18

●

横顔の首を長く見せる
ネープはどっち?

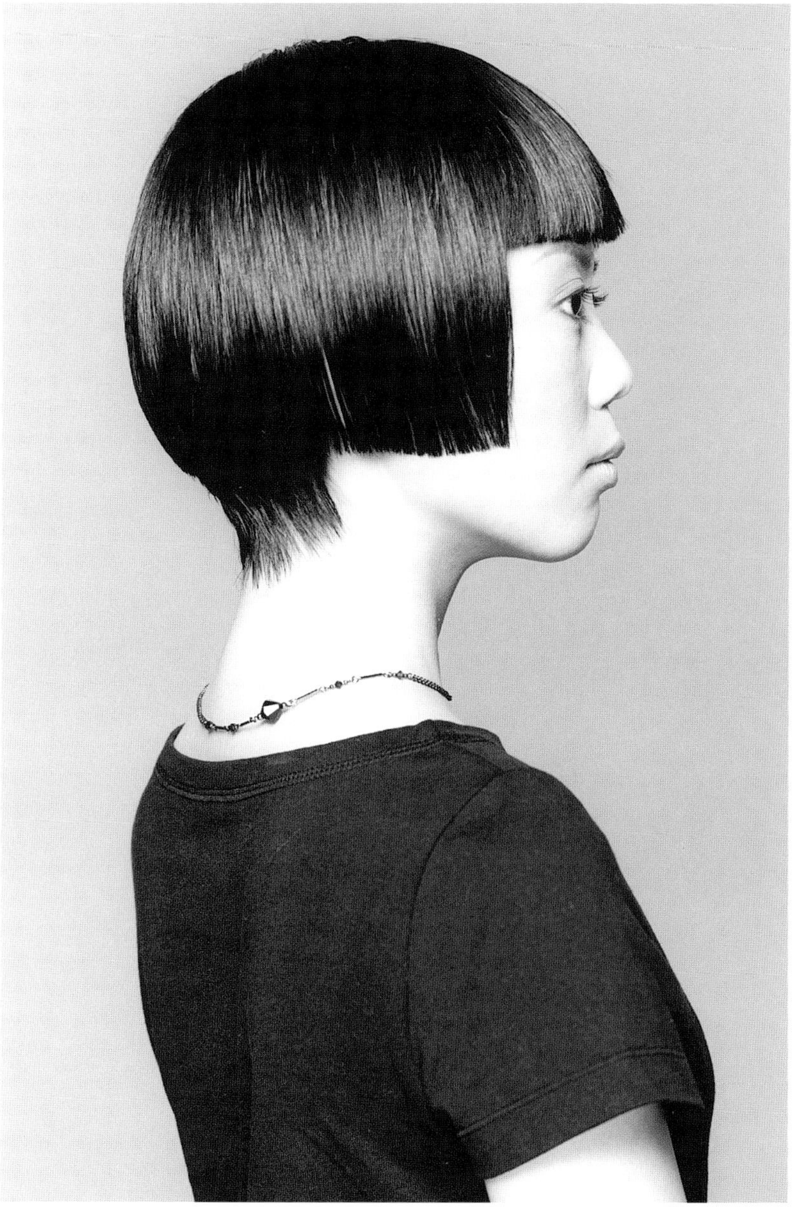

前項で、ネープのかたちが縦長だと、首が長く見えやすいという例をあげました。この2点のスタイルは、片方が縦長のネープで、片方が横長のネープになっています。実際に、右のスタイルの方が首が長く、細く見えますね。
首が長く見えるのはもうひとつ理由があって、左のスタイルのネープが直線に近いラインになっているのに対して、右は、ギザギザに切れ込みが入ったラインになっていることです。切れ込みの間に肌が見えていると、その上の髪に隠れている部分まで肌が続いていることを想像させます。右の方が首が長く細く感じられるのはそのためなんです。でも、左のネープが悪いわけじゃありません。15でも例にあげましたが、直線にはそこに視線を集める力があります。かつ左のスタイルのキュートでポップな雰囲気は、ネープの直線があってこそ出せているとは思いませんか。どっちがダメとは決め付けないで、デザイン効果を知ったうえで使い分けてみたいものです。

19

ネープラインの種類と首の見え方

「髪型を変えたら、なんだか太って見えた」「背が低く見えるようになっちゃった」という声がよくあります。この2点のスタイル、同じモデルさんなんですが、すそが広がっているスタイルの方が太って見えるでしょう。

　この違いの原因は、首が見えているかいないかなんです。肩は横の線で首は縦の線であるという話を15でしましたが、右のスタイルは首がほんの少し見えているでしょう。このほんのちょっとの縦の線が、肩の横幅を中和して、体つきをきゃしゃに見せているんです。それに比べると左のスタイルにあるのは、肩幅、ヘアスタイルのすそ、と横の線ばかりです。これだと確実に太って見えてしまいます。同じ長さでも、ヘアをほんのちょっとしぼったシルエットにすれば、かなり印象は変わってくるはずです。

20

太って見えてしまう
バックスタイル

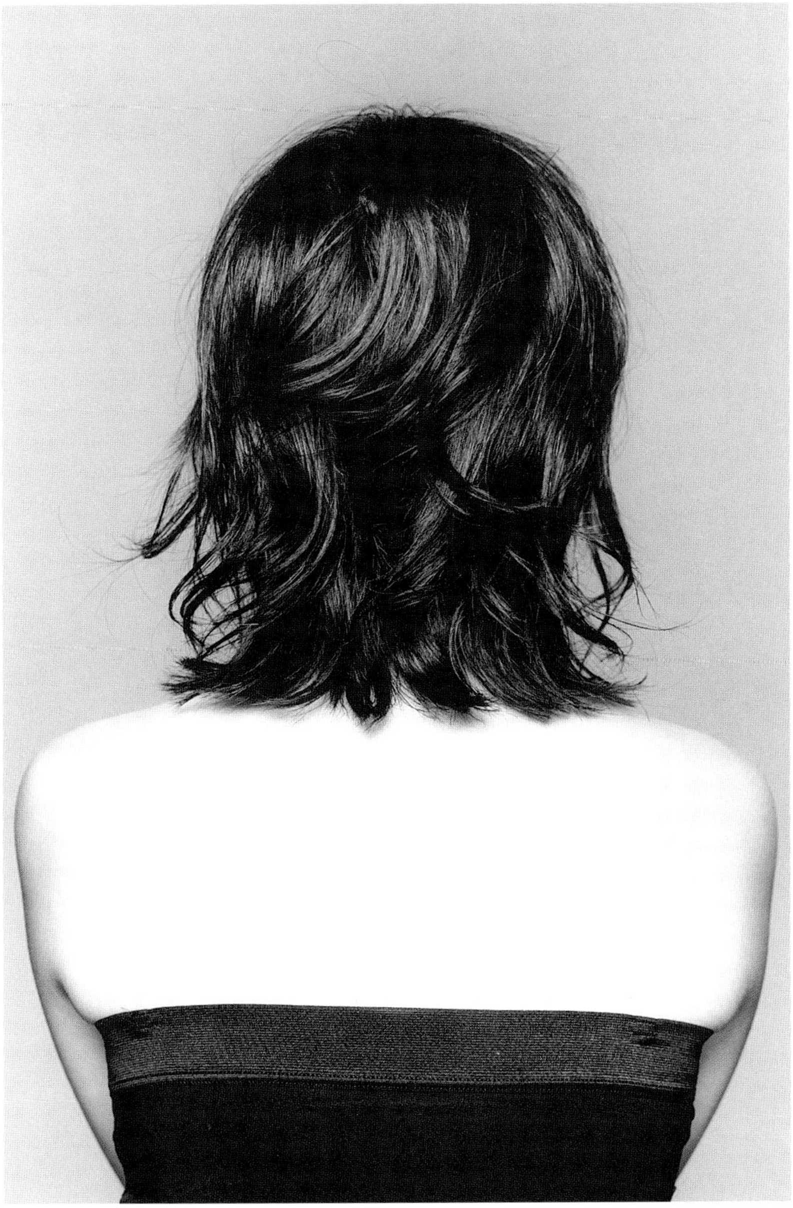
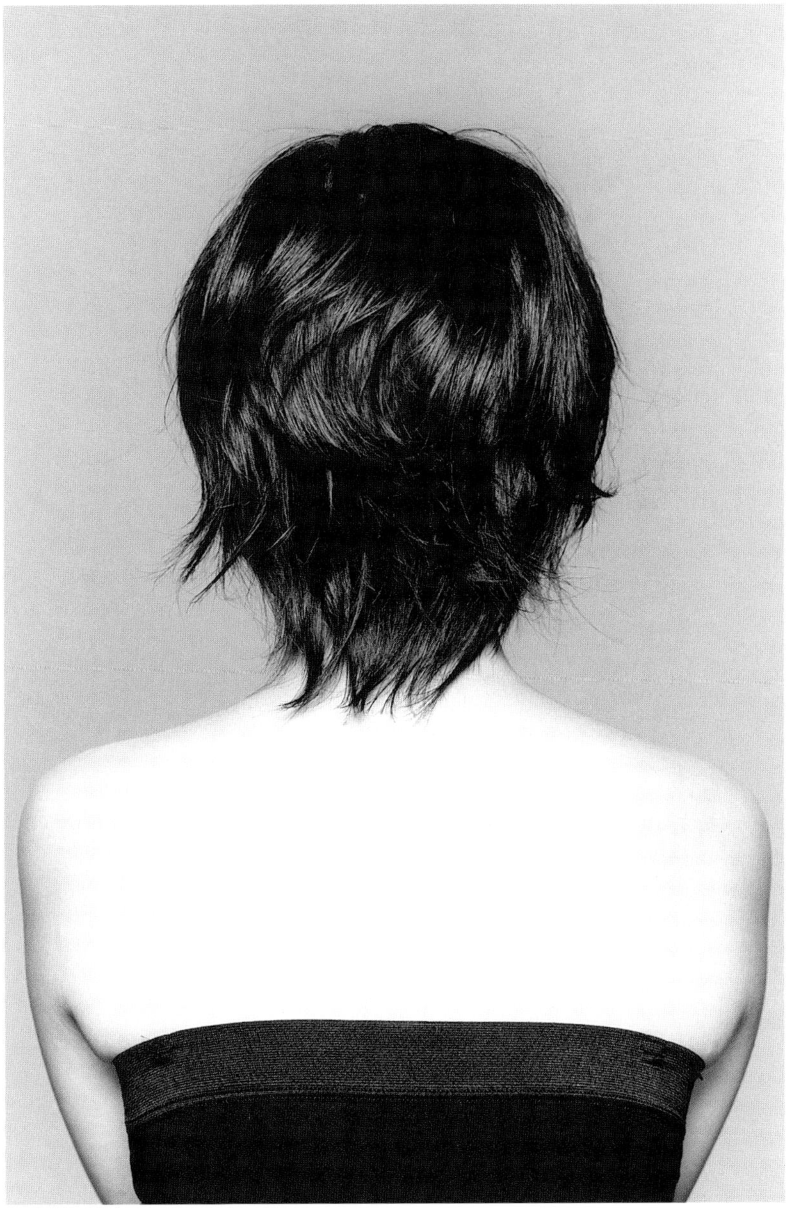

フェースラインをどう作るかということは、顔の額縁を考えることと同じです。写真はいちばんわかりやすい例、丸と逆三角形で顔をくり抜いています。当然右の、逆三角形のフェースラインの方が顔が細く感じられるのですが、顔全体よりもここで注目したいのはほおの面積です。左のスタイルの方がほおが広く感じられるのは当たり前、右のスタイルはほおが髪で隠されてるんだから、と思います？　隠れている・出ているというより、かたちの持っている方向性がここでは大事です。左のスタイルは、フェースラインが外に広がっていく方向性を持っています。一方右は、内側に向かう方向性を持っています。これがほおの面積の感じ方を変えているいちばんの理由で、外側に向かう線があると、ほおがそのまま外側に広がっていく感じを受けるんですね。だから自然に横幅が強調されてしまうことになるのです。

21

顔まわりを
どういうラインで囲む？

パートのデザイン効果について考えてみましょう。センターパートが似合う人ってそんなにいないんです。というのは、真ん中分けというのは量感を均等に分けてしまい、つり合っちゃって遊びがないから、リズムが生まれないんですよ。顔に強さがある人だったらそれでももっちゃうんだけど、そうじゃないと、のっぺりとしちゃう。その点、サイドパートはバランスがずれますから、そこにリズムが生まれて、生き生きとした感じが出せるんです。

もうひとつセンターパートで起こりやすいことは、顔の横幅や、下ぶくれを強調してしまうことです。センターパートから下に伸びる髪は、ハの字の線を作って顔を包むことになります。これは末広がりのラインなので、どうしても顔の横幅を強調したり、顔の下半分の量感を目立たせたりしちゃうんです。あごが細い人なら別なんだけど、一般的には、顔がおにぎり型に見えてきちゃうんですね。顔を細く見せたいのであれば、縦の線が強調されて顔がほっそり見えるサイドパートの方がいいです。ただデザイン効果としては普通になりがちだから、個性を引き立てたいならセンターパートも捨てがたいですね。

22

パートの位置で
顔の横幅は変わって見える

　バングのラインが違うスタイル2点です。前項で、顔の中にハの字のラインを作ると顔の横幅が目立ってしまうよという例をあげました。その理屈に従うと、バングにハの字ができている左のスタイルの方は、顔が大きく見えてしまうはずです。でもそんな風には見えないでしょう。

　確かに末広がりのラインがバングにあるのですが、このスタイルは顔の縦の長さを強調する別のしかけがあるので、顔の横幅が目立たないのです。秘密はバングのセンター、いちばん短く切り込まれた部分にあります。ここと あごの先が反応して、見る人の視線を縦に上下に引っぱっている。バングのラインと、あごのラインがどっちも矢印になっているところを想像してもらうとわかりやすいかもしれませんね。右のスタイルは、バングのセンターの長さは左と同じです。だけど上下に引き伸ばす力はないので、それほど顔が細長く見えないんです。

23

顔を細長く見せる
バングとあごの関係

前項でバングのセンターとあごが上下に引き合って、顔を縦長に見せる例を紹介しました。今度はセンターが逆に出っぱっているスタイルを見てみましょう。バングのセンターからあごまでの長さを比べると、右のスタイルの方が長いです。でも顔が細長く見えるのは左のスタイルですね。右のスタイルはどっちかというと、あごやほおがふっくらとして、目も優しい印象があるでしょう。

左のスタイルが顔を細長く見せる理由は、こめかみの切れ込み部分とあご先が反応して、縦長の逆三角形が顔の中に浮かんでくるからです。この逆三角形が縦長なほど、あごのラインが強調され、目は鋭く、ほおはこけた印象になります。ここではわかりやすくするためにはっきりしたV字バングを作ってありますが、ぼかしたラインのバングでも、こめかみ部分にすき間を作ることでこの効果は利用できると思います。

24

V字バングの
効果

21～24の項でフェースラインと顔の関係について取り上げましたが、今度はヘアスタイルの外側のかたち、つまりシルエットと顔の関係を考えてみましょう。シルエットの中で重要なのはウエイト位置です。写真でいうと、右はウエイト位置が高いスタイル、左はウエイト位置が低いスタイルになっていますね。このウエイト位置とあごが反応し、つながってひとつのかたちになり、印象に影響を及ぼすことって多いのです。

ためしにトップ、両サイドのウエイト位置、あご先、と4つの点を結ぶと、ひし形が描けるでしょう。右の方は下半分が細いひし形になり、左の方は下ぶくれのひし形になります。これが顔の見え方に影響し、下半分が細いひし形は、顔を細く感じさせ、シャープな印象を作りやすくなります。一方下ぶくれのひし形は、顔の横幅を強調し、シャープと言うよりはマイルドな印象に近づける力があるのです。

25

ひし形シルエットの違いと顔の見え方

シルエットのウエイト位置が顔に及ぼす影響について、具体的な例をひとつ紹介します。左の方がウエイト位置が高く、右が低いスタイルなのですが、単に高い低いというより、顔の骨格のどこと反応させてあるかが重要なのです。実は左はほお骨の延長線上にウエイトがあるんですね。右はあごの輪郭の延長にウエイトがあります。延長線を2辺として、両のウエイト位置をつなぐと逆三角形が描けるのですが、見る側は、この逆三角形の外側には目がいかなくなってしまうのです。左のスタイルでいうと、ほお骨から下は逆三角形の枠からはずれているため、顔の面積として認識されなくなってしまいます。ちょうどメークで顔を細く小さく見せるために、輪郭にシャドウを入れたのと同じ効果が出ているんですね。顔の輪郭が出ている左のスタイルよりも、髪で隠れている右のスタイルの方が、どこか顔にふっくらとした印象が出ているのは、この三角形に理由があるのです。

26

顔の中に 逆三角形を描いてみる

サイドのアウトラインと、フェースラインの間にできるコーナー。この項ではここに注目してみましょう。くっきりした直線同様、カドというのは人の視線を集めます。だからヘアスタイルの中でも、デザイン上のアクセントとして使われることが多いです。

右のスタイルにあるような、フロントのコーナーが顔の見え方にどう関わってくるかというと、横顔のあごに影響してきます。とんがりがあれば、それが矢印の効果を持って、その先にあるものに注目を集めますよね。とがったシャープなあごの持ち主なら、さらにそれが強調されるし、丸みのあるあごだったとしても、フロントにコーナーがあると実際よりとがって見せられます。このコーナーの角度が鋭角であればあるほど、あごがシャープに見えてくるのは言うまでもありません。

27

●

フロントのコーナーと
あごへの影響

アウトラインの角度を決めるとき、参考になるかもしれない話をしましょう。左が前上がり、右が前下がりのラインですね。この違いが生み出す効果は、左よりも右の方があごがシャープに見えやすいということです。前項で例にあげたように、フロントのコーナーがここには影響しているのですが、もっと重要なのはアウトラインの角度です。右はあごから耳までの輪郭に沿うように、サイドのラインが引かれています。一方左のスタイルは、あごから耳へつながる輪郭線を分断するように、サイドのラインがあります。これだと、あご周辺の量感が強調され、ふっくらとした印象になりがちなんです。そしてもうひとつ、輪郭線を横切るラインによって、えらの部分、顔の四角い部分が目立ってくるのです。ここが目立つと、場合によってはゴツイ感じになってしまいます。前上がりでも、えらが隠れる長さだったら気にしなくてもいいんですけどね。

28

あごの輪郭に沿うライン、対抗するライン

サイドからバックにかけてのラインを、下に出っぱるアウトカーブと上にえぐれるインカーブにしたグラボブ２点です。インカーブのラインを取り入れた右のスタイルの方が、顔がほっそりと、全体的にシャープに見えるのですが、この理由を検証してみましょう。右の方が顔がやせているように見えるのは、えぐれたインカーブのラインが、あご下から耳までの輪郭線もえぐれた感じに見せる効果があるからです。逆に左のアウトカーブだと、下側に出っぱっている丸いラインなので、輪郭線もふっくらと見えてくるんですね。

また、サイドのアウトラインの下から見えている顔の部分も、印象の違いに影響しています。右の方はラインがえぐれているので、ここの長さが左より長いですよね。これによって縦の長さが強調され、顔がほっそり見えるという効果が出ているんです。

29

サイドのインカーブとアウトカーブ

微妙に角度の違う、前上がりラインのデザイン2種です。あごをシャープに見せたいなら前下がりラインの方がいいんですが、前上がりラインでも、角度を微妙に変えるとその効果が期待できるよという例をあげます。

左のスタイルに、あごを2等分する線を描いてみてください。そしてその線を、サイドの髪に向かって伸ばしていきます。するとサイドのアウトラインと、あごを2等分した線が、直角に交わっていることがわかると思います。この角度で前上がりラインを設定すると、あごはいちばんとがって見えるのです。サイドのラインからあごに向かって、ひとつの矢印が伸びているところを想像するとわかりやすいかもしれません。右のスタイルのアウトラインは、左とは角度が違っているので、この力は期待できません。

30

●

前上がりラインで
あごをシャープに見せるには？

短いバングと、短いサイドを組み合わせたデザインです。ここでは顔まわりというより、目のまわりをどう囲むかというところに注目してください。
右は鋭い四角のかたち、左は丸いかたちで囲まれているのですが、僕は右のようなデザインをゴーグルにたとえているんです。ゴーグルとか、とがったかたちのサングラスをかけると、目がつり上がった感じがして、顔に迫力が出た経験を持ってる人は多いんじゃないでしょうか。右のスタイルは、それに似た効果があるんですよ。目をつり上げて見せるから、シャープな感じ、コワイ感じの雰囲気を出せるんですね。このスタイルみたいに強いデザインじゃなくても、目尻のそばや、こめかみ部分の髪をどう作るかで、目の印象ってけっこう変わってきます。

31

フェースラインの
ゴーグル効果

前髪がギザギザなラインで作られているスタイル２点です。違いは長さ。右のスタイルが目の上ぎりぎりの長さになっているのに対して、左は短くてオデコが見えています。

この２枚の写真、比べてみると右の方が大人っぽく、左の方が子供っぽい雰囲気がありませんか。これは目の印象が違っているからなんです。右のスタイルの目の方が、シャープなキツイ目に感じるでしょう。なぜそうなのかというと、ギザギザな前髪の、毛束とその間の空間が、目尻を引っぱり上げてつり目に見せる力を持っているからです。でもこれは右のスタイルのように目の上まで前髪があるから出ている力です。たとえギザギザなラインで切ってあっても、目から離れた位置に前髪があっては、目をつり上げて見せる力はあまり期待できないんです。

32

目を強く見せるバングはどっち？

ヘアスタイルをつくるとき、骨格のポイントとなる点を意識すると、いい感じに仕上がることが多いんです。特に顔まわりの長さやラインを決めるときは、眉・目・鼻・ほお骨・口・あごといったパーツの、どこと反応させるか考えるといいですね。何気なく決めた長さやラインが、目指すイメージとは違う印象を作ってしまうこともあると思います。そういうときって、ヘアスタイルが顔のパーツを実際とは違う感じに見せちゃってることが多いんですよ。

この２点のスタイルでサイドの長さを決めるとき、意識したのは目だということはわかりますよね。右は水平なライン、左は前上がりのラインになっています。左の方が、モデルさんは優しい感じがするでしょう？　これは前上がりのラインが、目尻を実際よりたれ目に見せているからです。目尻のそばに下への方向性を作ると、それに影響されて目が下がって見えてくるのです。

33

目に優しさを与えたいときのライン設定

ラインの角度で目を優しく見せるという例を前項であげましたが、今度はその横顔バージョンです。左のスタイルは、後ろに向かって下がったラインで、目尻を下げて見せています。目はつり上がっているよりたれている方が優しい感じになりますから、強い雰囲気を出したいなら、このライン設定は逆効果ということになります。

ところで、目をつり上げたりたれているように見せたりするこの力は、正面より横の方が強いんです。見えるラインの長さが長いということもありますけど、もっと強いのはバックのウエイトがあるせいです。左のスタイルは、ウエイトがおもりになって、後ろに下がる力をさらに高めているんですね。逆につり目に見せたければ後ろに上がるラインで、ウエイトを高い位置におけばいいんですけど、目より高い位置のウエイトってあんまり現実的ではないですね、横顔の場合。口角とか、あごとか、そういう顔の下の方にあるパーツを、ラインとウエイトで引き上げて見せるのはよくあります。

34

目の印象と
バックのウエイトの関係

31〜34で目を強くしたり優しく見せたりする方法を取り上げてきました。メークアップのテクニックとして、アイシャドウやアイラインで目尻を上げて見せたりするのはよくありますけど、ヘアスタイルにもそういう力があるわけです。

さてこの2点のスタイルですが、右の方は目のまわりに丸いラインがあって、ふつうはこれだと目が優しく見えてしまうものなんです。でも左の、四角いかたちを意識して使っているスタイルに比べても、けっこう目が強いですよね。その理由がシルエットにあります。34で顔まわりのラインだけでなく、ウエイトも利用して目の見え方を変える方法を紹介しましたが、今度はその正面バージョンなんです。ウエイト位置が、目尻をぐっと引っぱり上げるところにあるでしょ？　だからつり目の感じになって、きりっとしたシャープな印象になるんです。彼女みたいなもともと強い目の人は、こうやってもっと強調すれば個性的になるし、優しく見せたければ左のスタイルみたいにして印象コントロールしてあげたいですね。

35

●

シャープな眼差しに見せる
シルエットとは

サイドのラインが異なるデザイン2点です。左は、下側に出っぱっているアウトカーブのライン。右は上にえぐれた、インカーブのラインになっています。この部分のラインが顔の中のパーツのどこに反応するかを考えてほしいというのがこの項のテーマです。

ここでラインに影響されるのはほお骨なんです。ほお骨が高く、ほおの肉がふっくらと目立つ人に、左のようなアウトカーブのラインを近くに持ってきたらどうでしょう。ほおの出っぱりをさらに強調してしまうことになります。逆に、すごく痩せていてほお骨が出て見えるような人に、右のようなえぐれたインカーブのラインを合わせると、さらにほおの肉がそげて見えてしまいます。

このスタイル設定、バングの幅とサイドの長さ以外は、ほとんど29と同じです。29はあごとの反応でしたが、これはほお骨。スタイルによって、ラインが顔の中のどこにいちばん影響するのか、検証してみるいい例になると思います。

36

ほお骨が気になる顔だちだったら

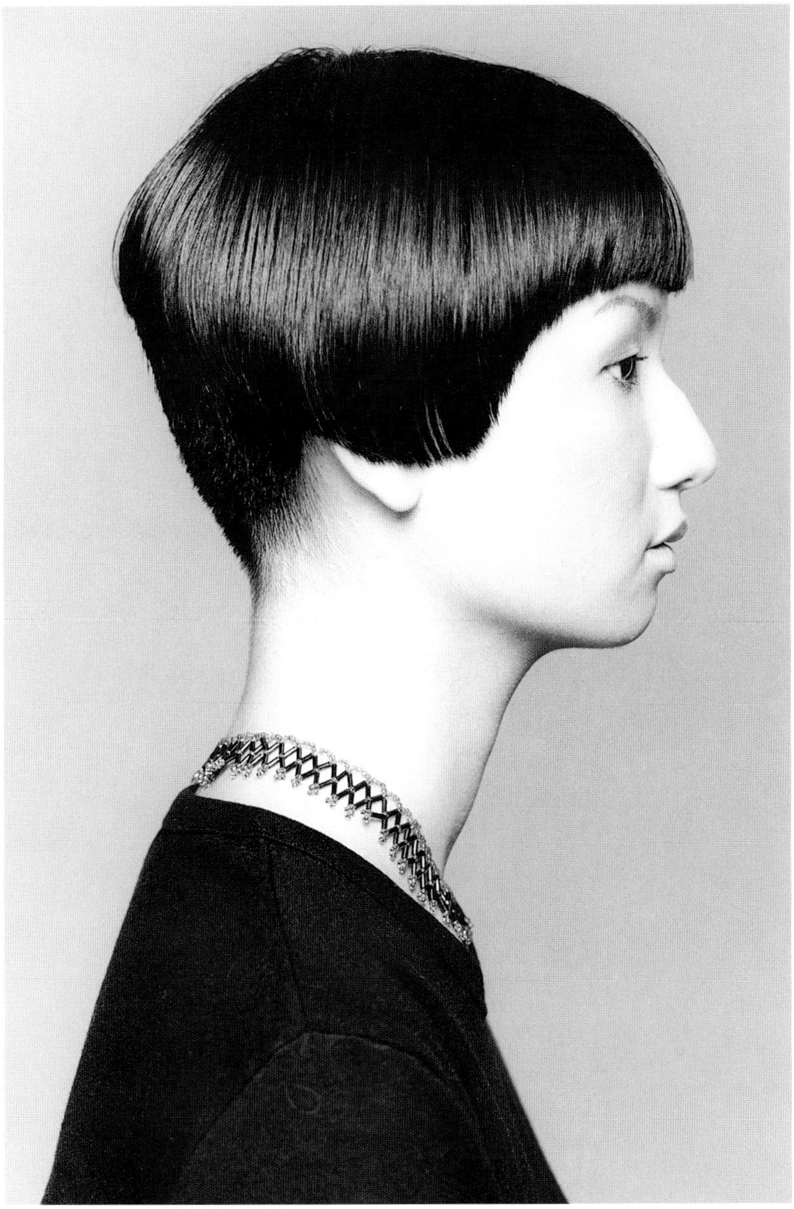

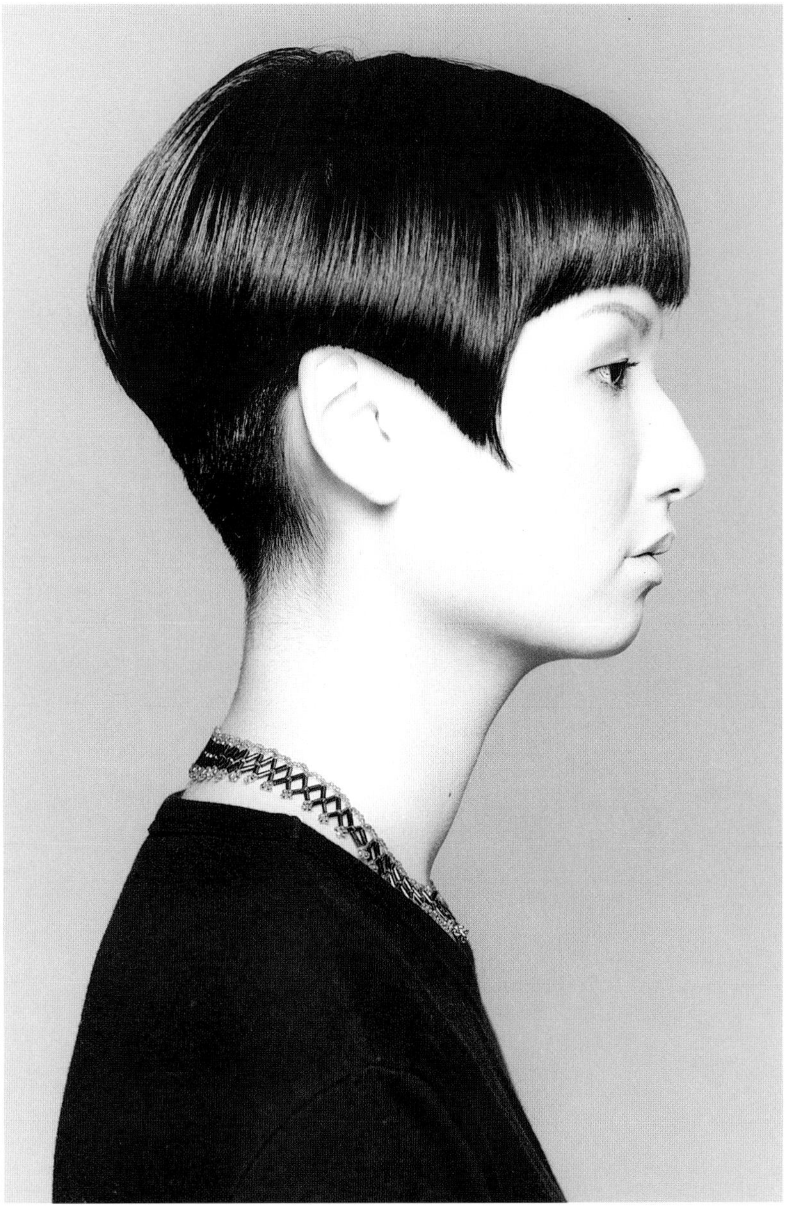

目、鼻、口など顔のパーツを、実際とは変えて見せる。そういうメークアップに似た力がヘアスタイルにはあるんだという例を、この本ではいくつかあげています。その中でも比較的、目とあごを意識したヘアスタイルが多いのですが、それはこの２ヶ所っていうのは全体の印象にとってかなり影響があるという理由からなんです。顔の中では、眉も表情の雰囲気を決めるパーツとして重要なんですけど、あんまりヘアスタイルでどうこうしようという気にはならない。眉ってメークで描いちゃえば、いくらでもかたちを変えられちゃいますからね。

さて、この項でとりあげたいのは口です。口角が下がり気味なのを悩んでいる人っているでしょう。口の端が下がってると、不機嫌そうに見えるし、老けて見えますからね。そういう人に左のような後ろに下がっていくラインを作ると、よけいに口角が下がって見えてしまいます。バックのウエイトもおもりとしてはたらくから、視線がずーっと後ろに引っぱられていく。だからラインは水平か前下がりにして、バックのウエイト位置を上げてみた方がいいんです。そうすると視線は上にいって、口角の下がりはあまり気にならなくなります。

37

下がった口角を
上げて見せるヘアスタイル

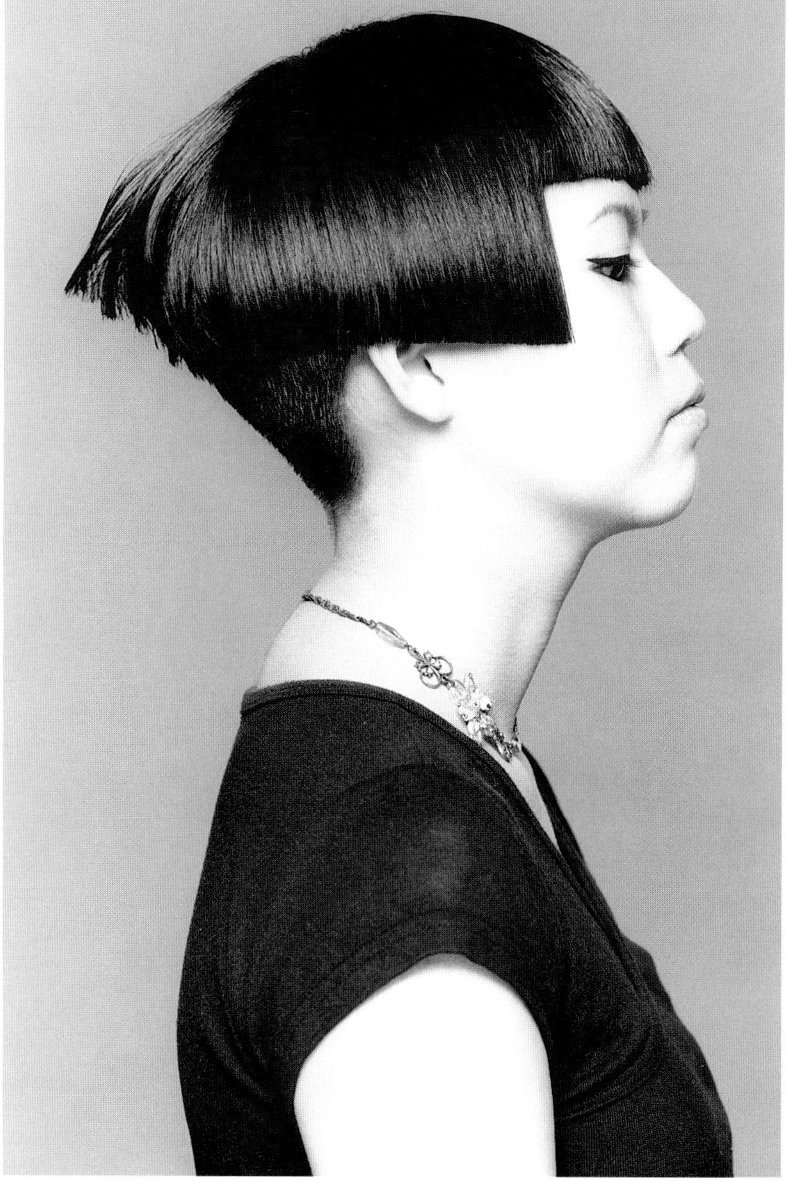

バングのラインが違うスタイル2点です。くっきりした直線とギザギザなラインですが、この2つのバング、どんな違いを生むと思いますか？　ラインがはっきりしてる方はシャープな印象で、ラインがぼけている方が雰囲気が柔らかくなる？　もちろんそれもいえますけど、大事なポイントはおでこの広さが変わって見えてくるってことです。このふたつのスタイル、バングの長さ設定は同じですよね。だけど左の方が、右より額が広いように見えるんです。左の方はバングの間に空間があって、肌が見えてますよね。こうするとさらにその上にまで額が続いているような感じを受けるんです。右のバングだと、ラインが髪と肌の境目をはっきり区切って、「顔はここまで」という感じになるんですね。19でも同じ効果を使って首を長く見せてるんですけど、見えない部分を想像させるように作るっていうのは、かなりおもしろいテクニックですよ。

38

「その先」を想像させて オデコを広く見せる

ヘアスタイルの長さと、身長との関係に興味がある人もいるでしょう。人体のベストバランスと言われる8頭身に近づけていくには、頭が小さくないと難しいです。だから全身のバランスからいうと、髪は短い方がいい、背の低い人は特にね。このモデルさんのように背が高い人でも、頭が小さく見えるのは髪が短い方です。

ただ、頭を小さく見せる以外の効果をねらいたいというのであれば話は違ってきます。ロングの方が縦の線が強調されるので、顔から首にかけてをすっきり細い印象にしたいんだったら、ロングの方がいいんですね。髪が短くなれば当然横幅が強調されて、長さによってはヘアスタイルだけでなく顔も丸く見えちゃうことがあります。全身のバランスと肩上のバランス、両方考えてみてください。

39

8頭身に見せたいときの髪の長さ

頭の骨格をかっこよく感じさせるには後頭部の奥行が必要なんですが、これをどうやって出すかを考えてみましょう。写真のふたつのボブは、バックに違いがありますね。右のスタイルがステップ状に切られているのに対して、左はグラデーションがついています。後ろへのはり出しはどっちのスタイルにもありますが、「この人、頭のかたちキレイなんだろうな」と感じさせるのは左の方でしょう。

その理由は左のスタイルのウエイト位置にあります。このスタイルのウエイト位置というのは、後頭部のいちばん出っぱっているところなんですね。実際は髪に隠れてるから、この人の骨格が本当に出っぱっているかどうかはわからない。もしかしたらゼッペキかもしれない。だけど、ふつうはこのあたりがいちばん出ているだろうなと思わせる位置に、ウエイトが設定されているのです。右の方はウエイトが下で、人がふつう想像する骨格の出っぱり部分とはずれていますよね。だから左に比べて、骨格の立体感があまり伝わってこないんです。

40

後頭部を外人みたいな骨格に見せたいなら

前項に続きこの項のテーマも、後頭部への奥行感をいかに作るかということです。前項ではバックのウエイト位置を変えていましたが、今回のふたつのスタイルはウエイト位置は同じです。違うのはバングの厚みですね。このバングが後頭部への奥行の感じ方に、けっこう影響するんです。奥行を少しでも強調したいなら、右の、バングの厚みがないスタイルの方が向いています。というのは、左のようにバングに厚みがあると、フロントからバックへ向かう方向性がいったん分断されてしまうからです。右のスタイルでは、オデコから後頭部へのラインが一直線に続いています。これだと方向性が分断されないので、後頭部の奥行を強調することができるのです。

41

バングが奥行に
関係してるって？

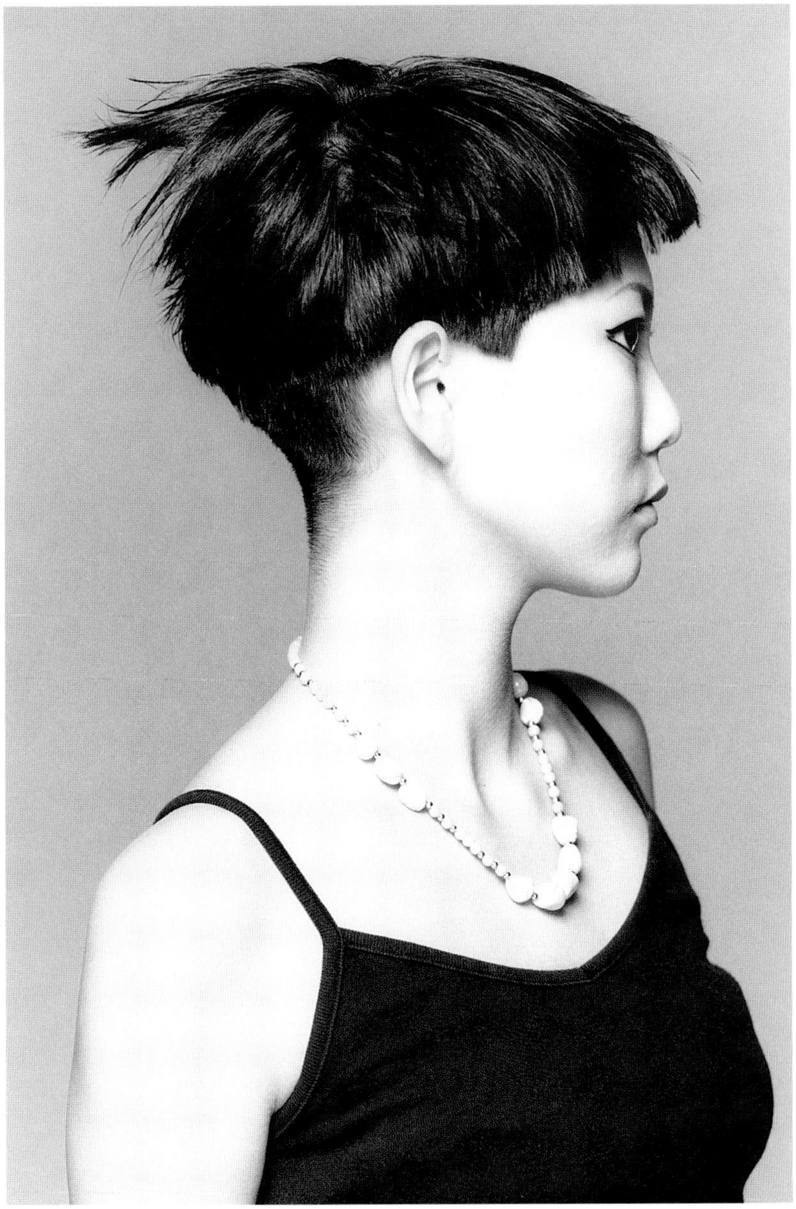

末広がりのライン。
顔の横幅を目立たせやすい。

顔まわりに台形のかたちがある例。
これも顔の横幅を目立たせやすい。

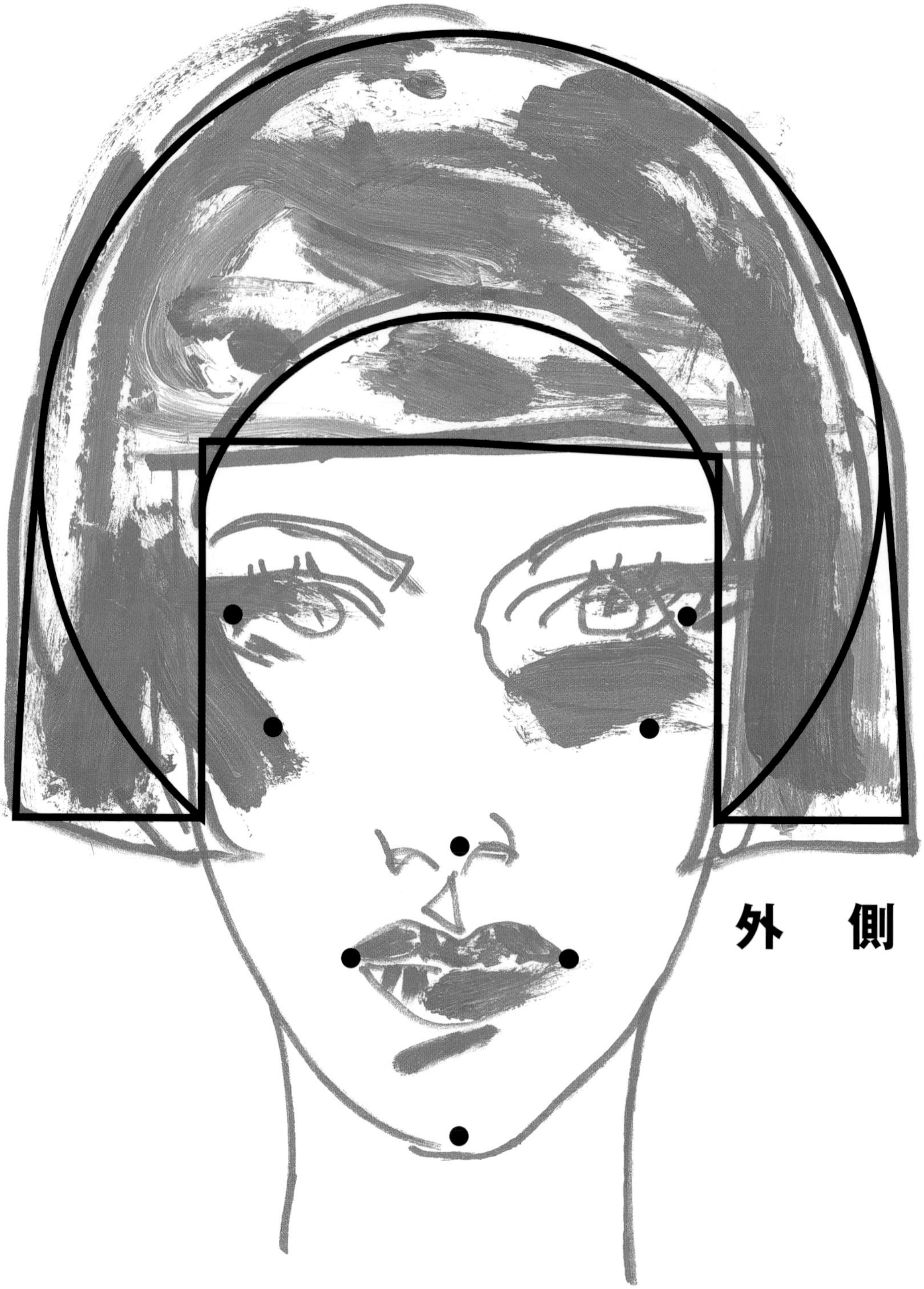

外側の

ヘアスタイルを構成する代表的な要素は、シルエットと、顔まわりを囲むフェースライン。シルエットは外側のかたちで、フェースラインは内側のかたちだ。このふたつが頭の骨格や、目・鼻・ほお骨・口・あごといった顔のつくりと反応し合い、印象に変化をおよぼす。シルエットを調節したりラインを設定する場合は、頭の骨格や顔の中のポイントとなる点を意識するとよい。

左はほお骨と両サイドのウエイト位置、
右はあごとウエイト位置をつないだ逆三角形。
三角形の外側は顔の面積として目立たなくなる。

●ヘアスタイルの構成要素とデザイン効果●

かたちと内側のかたち

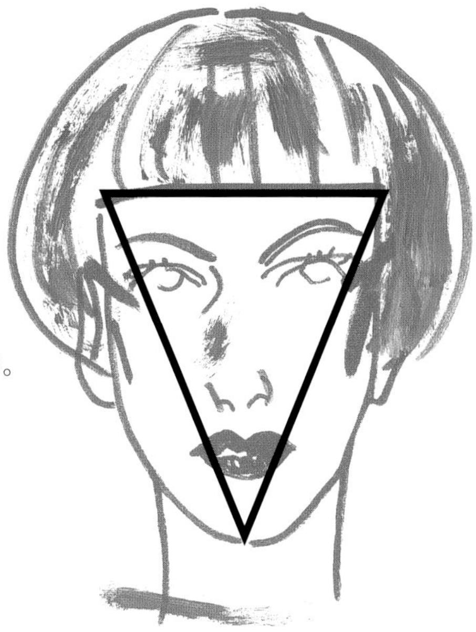

バングの両脇とあごをつないだ逆三角形。
三角形が細いほど顔は細く感じられる。

ヘアスタイルのトップ、両サイドのウエイト位置、
あごをつないだひし形のシルエット。
ひし形の変化によって顔が細く見えたり下ぶくれに見えたりする。

ラ イ ン を 引 く

すその長さを決めると、そこには一本のラインが引かれる。肩より下まである長い髪なら別だが、ボブなどは顔の上にラインを引くので、見た目の印象に影響をおよぼす。特に重要なのはラインの角度で、その角度によって安定感やシャープ感、場合によっては鈍重さといった印象が生まれてくる。またすそのライン設定は、頭の中にひとつの区切りを作るという意味合いがある。顔や首など肌の部分と、髪型の部分というふたつの面積が生まれ、区切りの位置によってバランスが変わってくる。

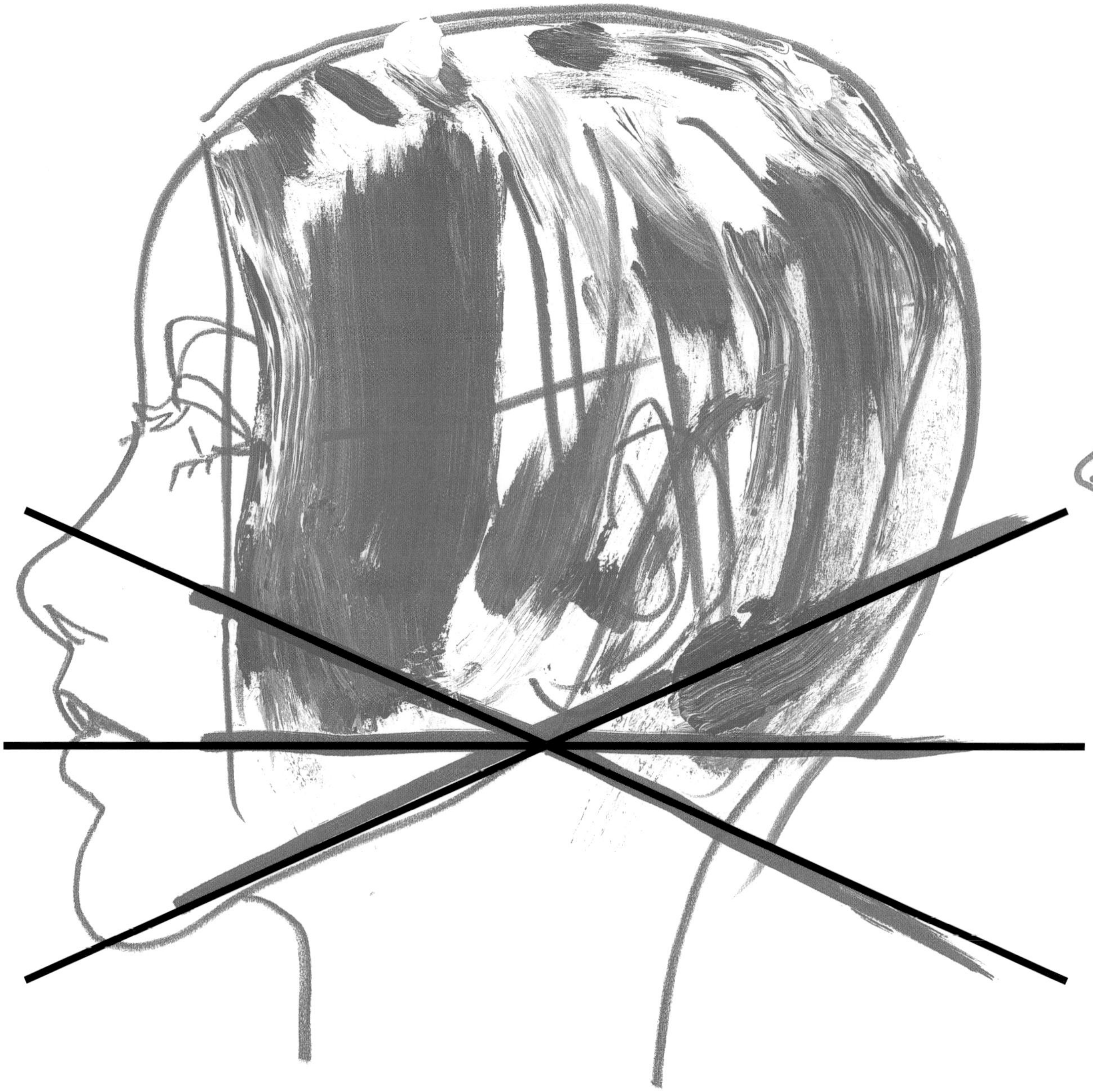

ヘアスタイルのラインは人体の線を区切る
という意味合いがある。
首を長く見せたいのであれば、
首の線を分断するような
ラインを作らない方がいい。

あごの輪郭線を分断するラインの例。
人によっては、あごが角ばって見える。

バングのラインが額から
後頭部への線を分断している例。
後頭部への距離が短く見えやすい。

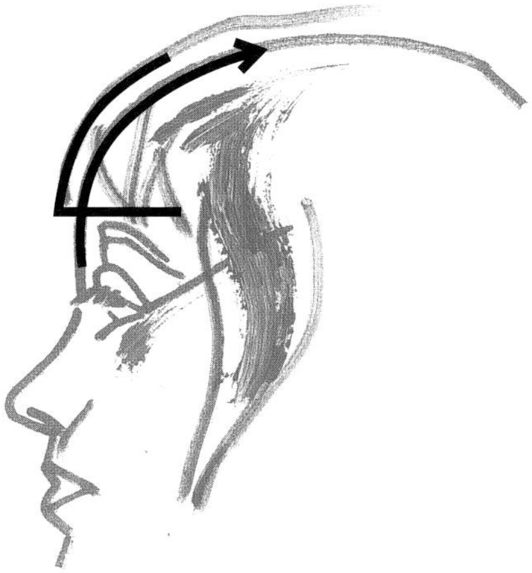

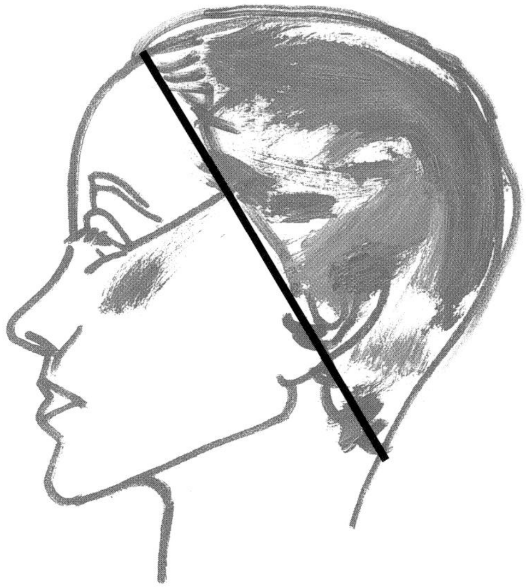

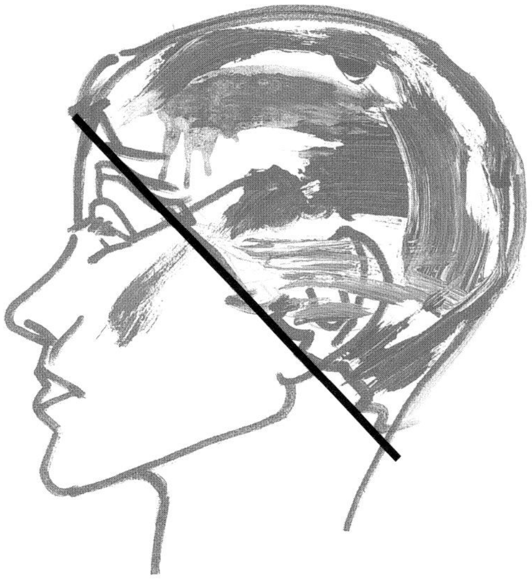

同じ前上がりラインでも、急な角度か
ゆるい角度かによって顔の印象は変わる。

すその位置は、単に長さだけでなく、
髪と肌という黒と白のバランスを
考えながら決めるとよい。

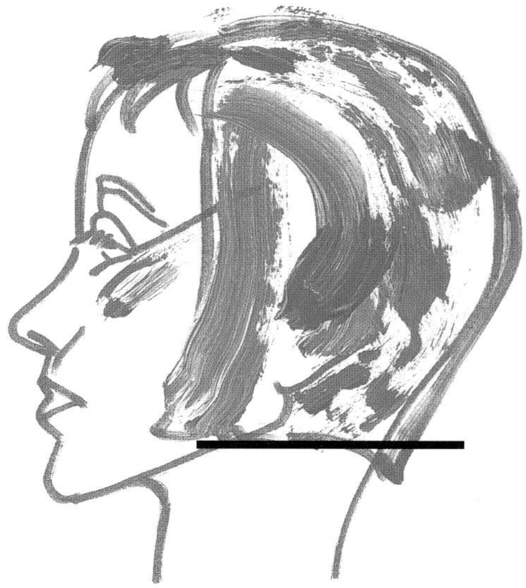

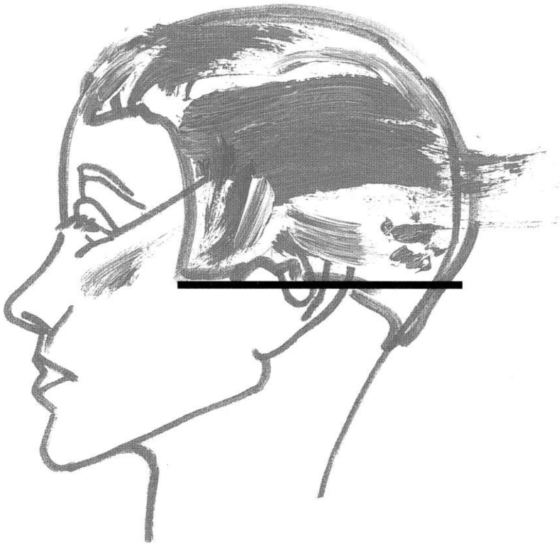

ということ

長さを比率でとらえる

ヘアスタイルの設定によって、さまざまな“長さ”が生まれる。たとえばトップからバングまで、バングからあごまで、あごからすそまで、というように。こうした距離同士は、常に比較して受け取られる。ふたつの長さを比べた場合、片方が長ければ、もう片方は自然に短く感じられる。たとえばトップからバングまでの距離が長ければ、バングからあごまでの距離は短く感じられるようになる。またグラボブのアウトラインとネープの長さというように、ヘアスタイルの中に縦と横の長さが存在する場合は、中和されて、お互いの長さが目立たなくなりやすい。

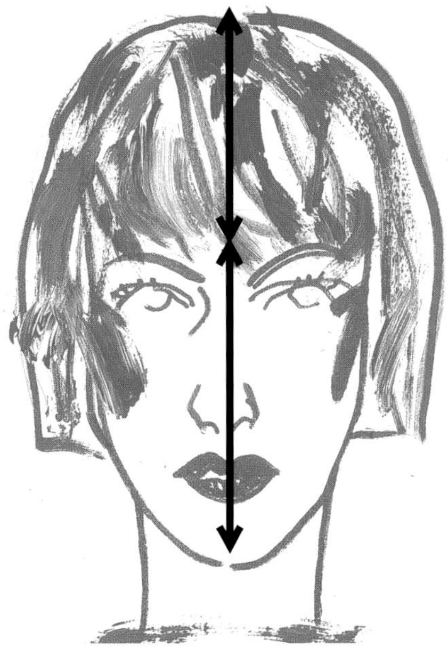

トップからバングまでが短いと、
バングからあごまでの長さが目立ってくる。

縦と横の長さが比較される例。お互いに中和されて長さが目立ちにくくなる。

バングからあごまでと、
あごからすそまでの長さも比較される。

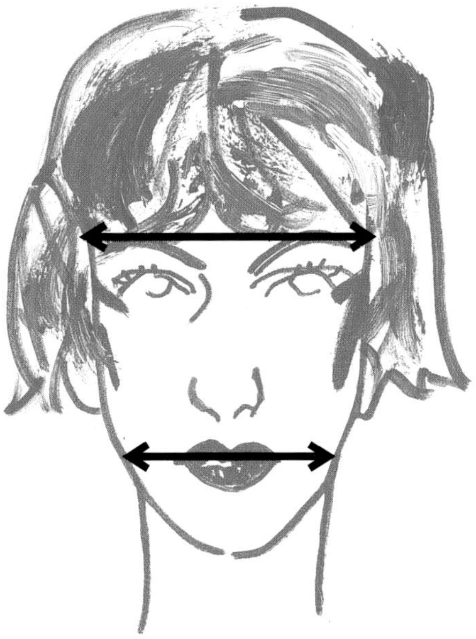

ふたつの横幅が比較される例。
顔の下半分を細く見せたいなら
バングの幅は広めの方がいい。

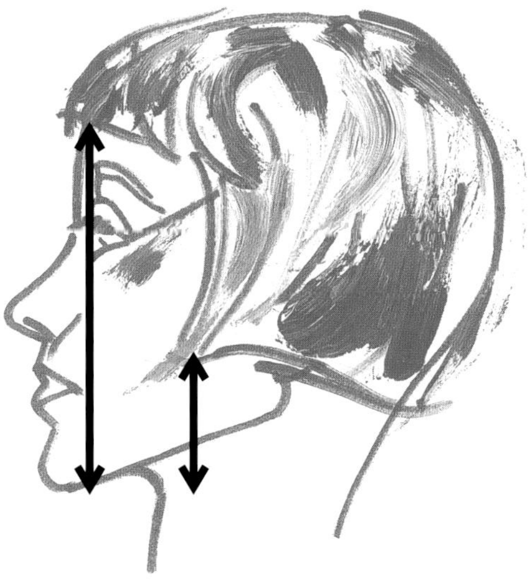

ふたつの縦の長さが比較される例。
サイドからあごまでの距離があると、
顔の長さが目立ちにくい。

おわりに

　ひとりひとりに似合う髪型を作れる美容師というのは、ヘアデザインが印象に及ぼす影響というものを感覚的にわかっています。その感覚の部分を少しは説明できないか、ヘアスタイルのどこがどのように変わると、どういう印象変化が生まれるのか理論化できないか。そうした発想を元に生まれたのが「かたちと印象」という企画でした。

　この本で伝えたいのはデザインの見方や考え方であって、写真で見せているヘアスタイルは、それを説明するための例にしか過ぎません。わかりやすくするために、シンプルではっきりしたデザインにしていますから、サロンで使うものとは違っています。スタイルそのものではなく、バングやネープ、ウエイト位置、ラインの角度などのデザイン効果を理解し、実際に自分でヘアを作るときに応用して使ってほしいと思っています。

　かたちの持つ性格、ライン設定の意味、長さや量感を比率でとらえること、これらは時代や流行によって変わるものではないですから、知っておけばずっと役にたつはずです。造形学というと堅苦しくなってしまいますが、ひとりひとりに似合わせるためのテクニック、デザイン上の技術ととらえれば面白くなってくるのではないでしょうか。

　最後になりましたが、出版にあたって協力してくださったすべての方々に、感謝の意を表します。そして今夏不慮の事故で亡くなったＡＣＱＵＡのスタッフ・大橋弓乃と日野景子に、この本を捧げたいと思います。

2003年12月　野沢道生

ヘア	野沢道生（ACQUA）
メークアップ	佐久間隆一、松上理沙（ACQUA）
アートディレクター	田代睦三（blanc）
デザイン	田中沙織、寺田知佳（blanc）
イラスト	森脇和則
写真	池田忠男（新美容出版）
編集	TOMOTOMO 編集部（新美容出版）
ウイッグ	C.C.COUNTRY 〒153－0001 東京都渋谷区神宮前 1－11－6 ラフォーレ原宿 4 F Tel 03－3478－8035

ヘアスタイルのイメージを操作するための造形学

かたちと印象

定価　4,200円（本体4,000円）　検印省略

2003年12月 1 日　第 1 刷発行
2010年 3 月 8 日　第 3 刷発行

著者　野沢道生
発行者　長尾明美
発行所　新美容出版株式会社
〒106－0031 東京都港区西麻布 1－11－12
編集部　Tel 03－5770－7021
販売部　Tel 03－5770－1201　Fax 03－5770－1228
振替　00170－1－50321
印刷　共同印刷株式会社
製本　共同製本株式会社